8° L⁵ h
1373

UN ÉPISODE DE LA GUERRE DE CENT ANS

DANS LE GATINAIS

—

L'AFFAIRE
DE
VILLEMARÉCHAL

(1360)

PAR

HENRI STEIN

ARCHIVISTE PALÉOGRAPHE

SECRÉTAIRE DE LA SOCIÉTÉ HISTORIQUE ET ARCHÉOLOGIQUE DU GATINAIS

PARIS

ALPHONSE PICARD, ÉDITEUR

82, rue Bonaparte

—

1893

UN ÉPISODE DE LA GUERRE DE CENT ANS

DANS LE GATINAIS

L'AFFAIRE

DE

VILLEMARÉCHAL

(1360)

PAR

HENRI STEIN

ARCHIVISTE PALÉOGRAPHE

SECRÉTAIRE DE LA SOCIÉTÉ HISTORIQUE ET ARCHÉOLOGIQUE DU GATINAIS

PARIS

ALPHONSE PICARD, ÉDITEUR

82, rue Bonaparte

1893

UN ÉPISODE DE LA GUERRE DE CENT ANS

DANS LE GATINAIS

L'AFFAIRE DE VILLEMARÉCHAL

(1360)

Sur le versant septentrional du plateau qui au sud aboutit à la vallée du Lunain, s'étend le village de Villemaréchal. On ne sait que bien peu de chose de l'histoire de cette localité, et l'on n'a jamais cherché à expliquer le sens et à confirmer l'exactitude de ces deux lignes de Dom Morin : « C'est une place laquelle est de forte assiette et autrefois a soustenu la batterie des canons par les Anglois qui prinrent chasteau par la trahison de quelques François qui estoient dedans[1]. »

Nous espérons prouver que c'est bien à cet épisode militaire du XIVe siècle, assez peu connu pour être raconté en détail, et défiguré par l'historien du Gâtinais, que se rapporte ce passage des *Grandes Chroniques de France*[2] : « Et ce fait le dit Roy [d'An-

---

1. *Histoire des pays de Gastinois, Senonois et Hurepois*, p. 536.
2. Édition Paulin Paris, tome VI (1838), p. 168.

» gleterre] se parti et s'en ala vers Nevers, et passa
» la rivière de Yonne à Collanges sur Yonne; et
» envoyèrent ceux de la contée de Nevers par
» devers luy, et rançonnèrent toute la contée et la
» baronie de Donzi au Pré; et lors se mit à chemin
» à s'en venir par Gastinois droit vers Paris; et vint
» le prince de Galles droit à une foreresce qui lors
» estoit angloise, appelée les Tournelles, devant
» laquelle foreresce pluseurs de ceux de France
» avoient fait une bastide et se y estoient mis à siège;
» et jasoit ce que il sceussent bien la venue dudit
» prince, il ne s'en partirent pas. Si se mist ledit
» prince devant ladite bastide et la fit assaillir, et
» finablement dedans trois ou quatre jours après
» lesdis François qui estoient dedans ladite bastide,
» pour ce que ils n'avoient que boire ne que man-
» gier, se rendirent audit prince; et là furent pris
» messire Haguenier, seigneur de Bouville, le sei-
» gneur d'Aigreville, messire Jehan des Bares, mes-
» sire Guillaume du Plessis, et messire Jehan Bra-
» que, tous chevaliers, et pluseurs autres jusques
» au nombre de quarante combattans ou environ. »

L'annotateur des *Grandes Chroniques* a supposé que la foreresce des Tournelles pourrait bien
être Dormelles, près Moret; d'autres ont pensé
qu'elle devait se trouver au nord de la Seine, par
conséquent en Brie, et nul n'a jamais contredit ces
hypothèses, qu'il est facile de réfuter en se reportant
à un manuscrit des Chroniques, aujourd'hui conservé à la Bibliothèque nationale[1], et où le para-

---

1. Fonds français 10143 (anc. suppl. franç. 632), f° 255 v°.

graphe que nous venons de transcrire¹ est précédé d'un titre ainsi conçu : *Comment le roi dengleterre se parti de devant Rains sans riens faire et de la prinse de plusieurs chevaliers franchois estans en une bastide devant Tourneles en Gastinois.* — Et les Tournelles existent sur la commune actuelle de Villemaréchal².

Mais ce n'est pas la seule raison qui nous porte à établir qu'il s'agit dans tout cela d'un seul et même fait d'armes, dont le théâtre fut Villemaréchal en Gâtinais. C'est ce qui ressort indiscutablement aussi de l'examen un peu minutieux de la carte du pays, de textes inédits, et des noms des défenseurs des Tournelles en 1360, héros méconnus et calomniés.

**
* **

Édouard III, roi d'Angleterre, poursuivait en France le champ de ses nombreux exploits. L'armée de son fils le prince Noir avait dans la fatale journée de Poitiers (1356) fait prisonnier le roi de France Jean, dit le Bon ; et, grâce au désarroi produit dans le gouvernement de la Régence par ce douloureux

---

1. On sait que les *Grandes Chroniques* constituent une source presque officielle et rédigée par les religieux de Saint-Denis sur des renseignements particulièrement détaillés. Cf. S. Luce, dans son édition de Froissart, tome V, p. LXX. — Si le Régent et par suite le rédacteur des Grandes Chroniques était si bien renseigné jour par jour sur les plus petits mouvements de l'armée ennemie, c'est qu'il avait alors à son service, entre autres espions, un Anglais nommé Jean Cope qui savait utiliser pour son rôle sa parfaite connaissance de la langue anglaise, et reçut en récompense, le 13 avril 1360, des lettres de naturalisation et de bourgeoisie parisienne *(Archives nationales,* JJ. 90, nº 510).

2. Canton de Lorrez-le-Bocage, arrondissement de Fontainebleau (Seine-et-Marne).

événement, les provinces étaient tour à tour envahies, rançonnées, mises à sac, sans qu'aucune armée sérieuse réussît à les repousser et s'opposât même à leur passage. En 1359, Édouard, ayant avec lui le prince de Galles, le duc de Lancastre, des nobles d'Angleterre, d'Allemagne et d'autres pays, pénétra de nouveau dans le nord de la France avec une armée assez considérable[1]. Il tenta de prendre Amiens d'assaut, mais il trouva la place trop bien défendue, et se dirigea sur Reims, qui subit un siège de plusieurs semaines. Là encore il fallut, après plusieurs escarmouches très meurtrières, se replier, et l'envahisseur marcha par Troyes vers la Bourgogne. En février 1360, le duc de Bourgogne, resté toujours fidèle aux rois capétiens, mais ne pouvant plus compter que sur ses propres forces, craignit d'offrir la bataille au conquérant et, cédant devant le nombre, désireux d'éviter à son pays de sanglants ravages, signa à Guillon (Yonne), le 10 mars 1360, un traité de paix ; il s'engagea à verser au trésor du roi d'Angleterre une somme de 200,000 deniers d'or, payables en quatre termes assez rapprochés ; les évèques et les villes de Bourgogne se portèrent garants de la somme due[2]. La sauvegarde de cette riche province était le prix de cette humiliation.

Toutefois il semble qu'à cette nouvelle, équivalant à un désastre, un renouveau de patriotisme se soit emparé des Français ; et si le pouvoir royal était dans l'impossibilité d'imprimer aucun ensemble à la

---

1. *Chronique normande*, édition A. et E. Molinier (Paris, 1882), p. 149.
2. Rymer, *Fœdera*, III, 473-474.

défense nationale¹, du moins chaque seigneur était-il libre d'agir pour son propre compte et de convoquer le ban et l'arrière-ban de ses feudataires pour opposer à l'ennemi une dernière et opiniâtre résistance.

Édouard d'Angleterre n'ayant plus rien à espérer de l'est de la France, n'eut plus qu'une idée désormais : atteindre Paris et compléter le succès de ses armes triomphantes par le siège de la capitale. Si Philippe de Bourgogne avait plié, le Régent céderait à son tour et de gré ou de force le cœur même de la France se rendrait. Mais les Anglais avaient compté sans la brusque surexcitation du sentiment national chez des paysans foncièrement attachés à leur sol et à leur roi ; sûrs d'eux-mêmes et de l'impuissance de leurs adversaires, ils se partagèrent en deux corps d'armée. Édouard traverse l'Yonne à Coulanges, au-dessous de Clamecy, et tandis qu'une partie de ses troupes allait camper sous les murs de Paris en passant par la Brie et la rive droite de la Seine², l'autre

---

1. Henri Martin, *Histoire de France*, V, p. 226.
2. Entre temps, la ville d'Auxerre fut prise par les Anglais et occupée pendant sept semaines *(Chronique normande*, p. 148); elle dut céder par la faute et l'indocilité de ses habitants qui avaient expulsé les gentilshommes chargés de la garder (*Archives nationales*, JJ. 89, no 429). L'abbé Lebeuf (*Histoire d'Auxerre*, nouvelle édition, IV, pp. 182-183) a publié les lettres de rémission accordées à Gaucher de Seignelay, à cause des actions extra-légales qu'il avait été obligé de faire pendant l'invasion des Anglais dans l'Auxerrois (mai 1361). — En 1359, l'armée ennemie avait déjà battu à Étréchy, près Étampes, une troupe française commandée par Regnault de Goillons, capitaine de Paris (*Chronique normande*, p. 148); — et en 1360, alors qu'Édouard III était somptueusement logé au château de Chanteloup, près Corbeil (*Grandes chroniques*, VI, p. 169), Arpajon fut le théâtre d'un atroce événement qui coûta la vie à près de neuf cents personnes.

partie se dirigea vers Melun en passant par le Gâtinais et la rive gauche du fleuve¹.

Ce dernier corps d'armée, avant d'arriver à Moret², vint attaquer directement le château de Villemaréchal, à la fin du mois de mars 1360.

Aujourd'hui transformé en une ferme (appartenant à M. Daveluy et exploitée par M. Canault), et sensiblement défiguré par des adjonctions et des destructions successives, ce château présente encore, avec tout ce qui l'entoure, l'aspect d'une vieille forteresse. En arrivant de la plaine, on monte au sommet de la colline par un chemin empierré, et l'on a devant soi une grande porte d'antique apparence, à laquelle ce chemin donne accès. On domine alors tous les environs, et la vue s'étend au loin dans la direction de l'Ouest et du Nord. Un peu après, en tournant à droite, on arrive au château, dont nous donnons le plan ci-après, relevé par nous en octobre 1888.

Une sorte de chemin de ronde, du côté du Midi, aboutit à l'entrée *E*. Cette entrée était commandée par deux fortes tours rondes, dont l'une *A* est encore en assez bon état, et dont l'autre *B* n'est plus qu'une ruine; un mur d'enceinte d'une solidité remarquable suivait la crête de la colline, flanqué d'une énorme tour ronde en *D*, détruite partiellement en 1887 pour cause d'agrandissement des bâti-

---

1. Froissart, édition S. Luce, V, p. 227.
2. *Bibliothèque nationale*, ms. français 10143, fo 255 vo.

SCEAUX
DES DÉFENSEURS DE VILLEMARÉCHAL EN 1360

1. Famille des BARRES. 2. Famille de BOUVILLE.
3. Famille de BOUVILLE.
4. Famille d'ÉGREVILLE. 5. Famille de BOUVILLE.
6. Famille des BRAQUE.

— 9 —

ments de la ferme, et si solidement assise qu'il fallut employer la mine pour la faire sauter. Au pied de ces murailles et de cette tour de défense s'étend un large fossé, fait jadis de main d'homme, et s'arrêtant à la déclivité du terrain qui est figurée sur notre plan par des hachures. Du côté oriental, le mur et le fossé existent encore, et la dernière tour G qui

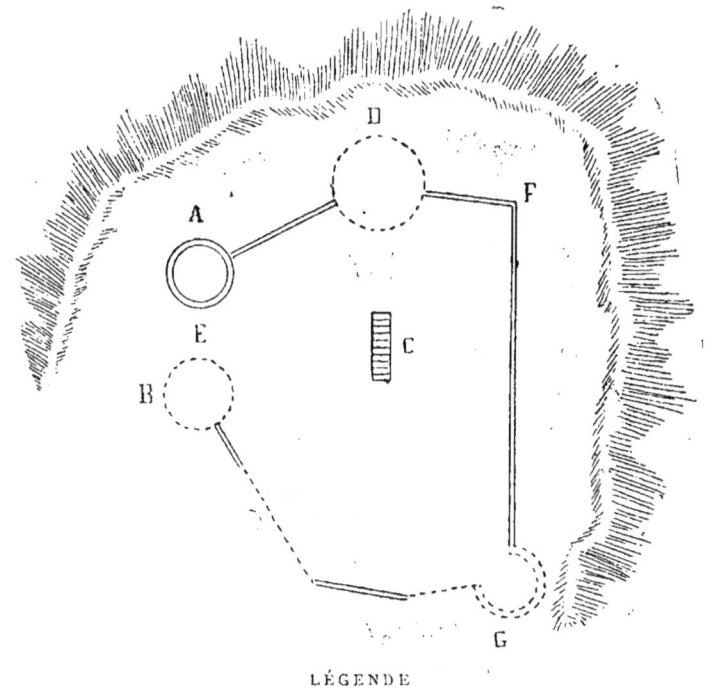

LÉGENDE

A. — Tour ronde du nord.
B. — Tour ronde du sud, ruinée.
C. — Entrée du caveau.
D. — Grande tour de défense.
E. — Entrée du château.
F. — Fossés et mottes.
G. — Tour d'angle sud-est.

forme angle atteste, en dépit de son état de ruine, une imposante construction du moyen-âge. Au centre du château existe l'ouverture d'un caveau, dans lequel il n'est guère possible de pénétrer bien avant à cause de la masse d'eau qui y séjourne. On peut considérer néanmoins ce caveau comme une partie essentielle du système défensif, qu'il servit à dissimuler des munitions ou à cacher des hommes d'armes.

La très importante position du château-fort de Villemaréchal[1], au point de vue stratégique militaire, n'avait pas échappé à la sagacité des chefs anglais qui espéraient le trouver abandonné et s'en rendre maîtres sans coup férir. C'est alors que, dans un élan patriotique, les dernières forces vives de la région gâtinaise se réveillèrent.

Comme le racontent, seules d'ailleurs, les *Grandes Chroniques*, la lutte fut dirigée contre le prince Noir

---

1. Dans un dénombrement du 23 décembre 1575, signé par messire Jean Olivier, gentilhomme ordinaire de la Chambre du Roi (*Archives nationales*, P. 72, n° 3350), qui alors en était propriétaire, ce château est ainsi décrit : « Et quant à ce qui est contenu en ladite description de la » seigneurie de Villemareschal, ledit seigneur de Villemareschal en tient » en son domaine ce qui s'ensuit; premièrement le chasteau dudit Ville- » mareschal anciennement appelé la Bastille, avec les cours et arrière- » cours, granges, estables, pressouers, greniers, parcs, jardins, vignes, » bois de haulte fustaye et bois taillis, vergers et autres apertenances, » etc... ». Jean Olivier possédait cette seigneurie par heritage, l'ayant reçue de François Olivier, son père, qui la tenait lui-même, en raison de deux donations successives, des 8 juin 1547 et 1550, de son frère Antoine Olivier (*Archives nationales*, Y. 93, f°s 24-28; Y. 96, f° 17 v°; Y. 103, f°s 176 v° et 201). Mais il nous a été impossible de savoir comment cette seigneurie se trouvait entre les mains de la famille Olivier; un siècle auparavant, Jacques de la Croix, bourgeois de Paris, avait rendu aveu (5 juillet 1463) « pour la maison-fort de la Bastille à Villemarchaiz » (*Archives départementales du Loiret*, A. 1419). — Un aveu du XVII° siècle indique plus clairement encore la contenance de la propriété : « Premièrement le donjon et » manoir du chasteau d'icelle, anciennement appelé la Bastille, composé » d'un gros corps de logis et pavillons où sont plusieurs chambres, salles » hautes et basses et autres bastimens y attenant, qui font avec haultes » murailles la closture dudit donjon, et plusieurs autres bastiments hors » d'iceluy donjon, où sont le pressoir, vinée, greniers, granges, logement » du fermier, etc... » (*Archives départementales du Loiret*, A. 1419).

par cinq gentilshommes dont les noms nous ont été heureusement conservés. « *Haguenier de Bouville, le seigneur d'Aigreville, Jehan des Bares, Guillaume du Plessis, Jean Braque* » furent, avec quelques poignées d'hommes recrutés à la hâte dans le voisinage, les héros oubliés de cette tentative isolée de soulèvement contre les envahisseurs. Mais pourquoi faut-il que ce récit contemporain, après nous avoir transmis leurs noms, ne nous instruise pas de leurs actes ? Pourquoi sommes-nous contraints, en recueillant çà et là quelques indications nouvelles, de reconstituer les péripéties du drame qui se déroula à cette époque de douloureuse invasion, à Villemaréchal ?

Les Anglais s'étaient postés dans une petite forteresse, située au nord du château de Villemaréchal, et à 600 mètres environ dans la plaine : on l'appelait *les Tournelles*, et l'on donne encore ce nom au hameau qui s'est substitué à l'ancienne position militaire ; il est situé à gauche du grand chemin qui conduit de Moret à Villemaréchal. Au milieu des maisons modernes, il serait assez difficile de retrouver la place de la forteresse, et même d'en reconnaître l'existence, si l'on n'avait pour s'orienter, dressé au xviiie siècle, un plan très suffisamment précis dont nous donnons la reproduction ci-après[1].

---

1. Nous l'empruntons à un levé géométrique dressé en 1790 par Louis-Nicolas Lhostellier, arpenteur royal à la résidence de Chéroy, et conservé aux *Archives nationales*, T. 65, n° 7, dans les papiers du comte Le Bascle d'Argenteuil, dernier seigneur de Villemaréchal avant la Révolution. Ce dessin a été publié déjà, avec une certaine inexactitude, par Michelin dans ses *Essais historiques sur Seine-et-Marne*, p. 1835. — Dans le dénombrement fourni en 1575 par Jean Olivier et que nous avons men-

— 12 —

C'est un rectangle entouré de fossés, comprenant quatre tours rondes d'angle, quatre courtines sur le milieu de chaque côté, et au centre du rectangle un donjon. La situation devait être excellente. Les Français que rien n'arrêtait, décidés à tout oser, allèrent au-devant du danger et vinrent au nombre de près de cent essayer de déloger les Anglais. Pour cela ils

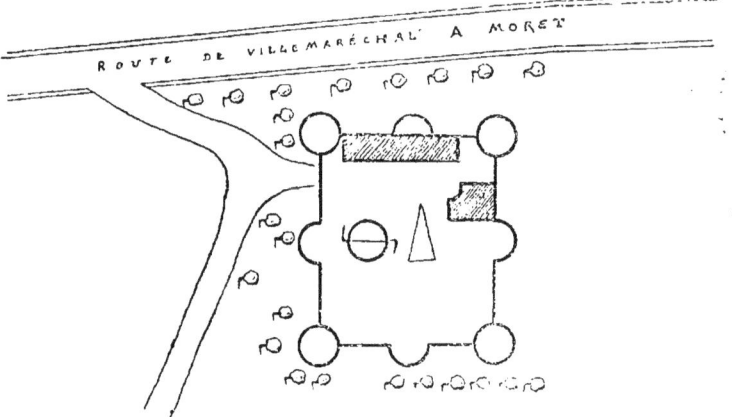

s'établirent dans un petit camp retranché, élevé pour la circonstance non loin des Tournelles, dans une sorte de bastille[2].

Mais, trop téméraires ou trop imprudents, les Français ne songèrent pas que, cherchant à cerner les ennemis, ils pouvaient à leur tour être enveloppés

---

tionné plus haut (*Archives nationales*, P. 72, n° 3350), on lit ceci : « Plus
» en tient ledit seigneur de Villemareschal en sa main une autre ferme
» nommée les Tournelles, concistant en maison, court, grange, estables,
» *le tout clos de vieilles murailles et tours à l'entour*, contenant ledit
» pourpris six quartiers de terre ou environ et cent quatre arpens et demi
» de terres labourables. »

2. Le nom de Bastille s'est d'ailleurs conservé en un lieu dit des environs : « De la seigneurie de Villemaréchalle relève le fief de la Bastille,
» consistant en une pièce de près d'environ douze arpens, situé paroisse
» de Lorrez. » (*Archives nationales*, T* 65 (74), p. 3).

eux-mêmes et perdre en un instant tout le bénéfice de leur audacieux coup de main. C'est ce qui arriva. Le gros de l'armée anglaise qui s'avançait lentement, venant de l'Est, survint fort à propos pour entourer la petite troupe française, fit le siège de la bastille et l'enleva en un coup de main. Il n'y eut point trahison, comme l'affirme Dom Morin ; les quarante Français, vaincus par le nombre, après avoir souffert de la faim et lutté avec acharnement, durent se rendre prisonniers aux mains des Anglais qui continuèrent après cette facile victoire leur route vers Paris.

Cette lutte qui prit fin si rapidement, en quatre jours, eut seulement pour effet de retarder la marche en avant de l'ennemi; mais elle aurait pu, conduite avec plus de dextérité et surtout mieux préparée, modifier quelque peu la marche des événements. Ce n'est pas à dire, cependant, que l'affaire était en de mauvaises mains. Ceux qui l'avaient entreprise étaient au contraire des hommes de valeur et d'initiative, des gentilshommes appartenant à des familles de soldats éprouvés, des feudataires locaux ayant tout intérêt à défendre, en même temps que la patrie envahie, leur patrimoine menacé. Par leurs importants domaines, ils commandaient à eux cinq le territoire d'entre Yonne et Loing; et, n'étaient les abbayes du voisinage[1], les vallées de l'Orvanne, du

---

3. Les établissements religieux n'étaient guère plus en sûreté que les villes à cette époque, si l'on en juge par ce qui se passa en 1358 au prieuré de Notre-Dame des Brûlés ou de Brailet, près Courtenay (*Bibliothèque de l'École des Chartes*, XVIII, p. 359). Il en était d'ailleurs de même dans tous les environs de Paris; à la même époque, les religieux de Saint-Martin-de-Ruricourt quittèrent leur abbaye et durent se mettre en sûreté pendant l'occupation anglaise à Compiègne (*Archives nationales*, X[1e] 20).

Lunain, de la Cléry et de l'Ouanne étaient entièrement sous leur suprématie. Grands propriétaires terriens dans une même province, ces cinq chevaliers étaient ou devaient être plus tard des personnages influents à la cour de France ; d'étroites parentés et de graves questions les unissaient ; ils pouvaient à leur gré disposer de leurs vassaux dans les cas difficiles et aux époques troublées.

La présente note ne sera donc complète que si l'on connaît bien les noms des cinq personnages qui figurent dans le récit des *Grandes Chroniques*, qui eurent l'idée de la résistance[1] et doivent en recevoir tout l'honneur ; car on ne peut réellement comprendre le mobile de leur aventure que si l'on sait bien d'où ils viennent et qui ils sont[2]. L'affaire de Villemaréchal est essentiellement locale, il importe de le bien faire remarquer ; et ce ne peut être sans intérêt que l'on songe à cet élan de chevaleresque bravoure, indépendant de toute direction générale, dont les auteurs n'obtinrent pour unique récompense que les tristesses de la captivité.

---

1. On verra par deux documents inédits publiés en appendice de ce mémoire (Pièces justificatives II et III) que, dans le cours des années 1358-1359, les habitants de Ferrières et de Chéroy ne s'étaient pas conduits en face de l'ennemi aussi courageusement que les cinq défenseurs des Tournelles et avaient signé un compromis destiné à leur éviter de trop grandes pertes d'argent ou de biens. Il est vrai que, comme l'affirme l'acte, Chéroy était ville ouverte et ne pouvait opposer aucune résistance sérieuse. La région était alors entièrement à la merci des bandes de pillards étrangers.

2. Nous nous proposons de consacrer ultérieurement une notice détaillée à chacune des cinq familles dont nous allons parler ; nous ne donnerons aujourd'hui que les explications nécessaires à l'intelligence de notre sujet.

La famille *de Bouville* était alors, et depuis plusieurs siècles déjà, l'une des plus considérables du Gâtinais. On connaît surtout Charles de Bouville, chambellan de Charles V, seigneur de Milly-en-Gâtinais[1], de Nanteau-sur-Lunain[2], de Pont-sur-Yonne[3], de Villeneuve-l'Archevêque[4], de Farcheville[5], de Villeblevin[6], de Saint-Agnan[7], d'Aigremont[8], de Voulx[9]; à Diant[10], à Varennes[11], à La Chapelle-la-Reine[12], à Saint-Vrain[13], il possédait divers biens, des droits dans la forêt d'Orléans, près de Sendimaisons[14], où ses ancêtres avaient possédé un haras[15]; Orveau[16] était dans sa censive. Il se distingua à Rosebeke en 1382, devint gouverneur du Dauphiné, et épousa Isabelle de Mez qui, devenue veuve, n'oublia pas le pays de ses ancêtres et donna en 1395 à l'abbaye de Villiers[17], où elle désirait

---

1. Chef-lieu de canton, arrondissement d'Étampes (Seine-et-Oise).
2. Canton de Nemours, arrond. de Fontainebleau (Seine-et-Marne).
3. Chef-lieu de canton, arrondissement de Sens (Yonne).
4. Chef-lieu de canton, arrondissement de Sens (Yonne).
5. Canton d'Étampes (Seine-et-Oise).
6. Canton de Pont-sur-Yonne, arrondissement de Sens (Yonne).
7. Canton de Pont-sur-Yonne (Yonne).
8. Commune de Villeblevin (Yonne).
9. Canton de Lorrez-le-Bocage, arrondissement de Fontainebleau (Seine-et-Marne).
10. Canton de Lorrez-le-Bocage, arrond. de Fontainebleau (S.-et-M.).
11. Canton de Montereau, arrondissement de Fontainebleau.
12. Chef-lieu de canton, arrondissement de Fontainebleau.
13. Canton d'Arpajon, arrondissement de Corbeil (Seine-et-Oise).
14. Commune d'Ingrannes, canton de Neuville-aux-Bois (Loiret).
15. *Archives nationales*, JJ. 66, f° 40.
16. Canton de La Ferté-Alais, arrondissement d'Étampes (S.-et-O.).
17. Près La Ferté-Alais (Seine-et-Oise).

avoir sa sépulture, vingt-quatre livres de rente à prendre sur son héritage[1].

L'un des frères de Charles fut précisément ce Guillaume de Bouville, dit Haguenier, l'un des cinq héros de l'affaire de Villemaréchal. Il a beaucoup moins fait parler de lui, car il mourut jeune encore, probablement en 1367; il appert d'un document de 1369 que Charles son frère était alors en procès avec l'abbaye du Lys pour une rente sur la grange de La Chapelle-la-Reine, qui se trouvait dans sa succession[2].

Son père, Hugues, mari de Marguerite des Barres, était entré par cette union dans la grande famille des Barres, illustrée sous saint Louis, et possédait de ce chef toutes les terres situées sur la rive gauche de la rivière d'Yonne, et démembrées des fiefs mêmes de la famille des Barres dont nous aurons occasion de reparler.

Les seigneurs de Bouville portaient : d'argent à une fasce de sinople chargée de trois annelets d'or.

Les *Braque* forment une tout aussi grande famille. Arnoul Braque, riche bourgeois de Paris, avait été anobli[3] par Philippe VI de Valois en 1339. Son héritage, qui comprenait entre autres Dammarie-en-Puisaye[4], Courcelles-le-Roi[5], Châtillon-sur-Loing[6],

---

1. *Bibliothèque nationale*, pièces originales, vol. 483, dossier 10806, n° 6.
2. *Archives nationales*, X¹ᶜ 20 (27 février 1369, n. s.)
3. *Archives nationales*, JJ. 73, n° 8.
4. Canton de Briare, arrondissement de Gien (Loiret).
5. Canton de Beaune-la-Rolande, arrondissement de Pithiviers (Loiret).
6. Chef-lieu de canton, arrondissement de Montargis (Loiret).

Boismorand[1] et Saint-Maurice-sur-Aveyron[2], fut partagé en 1354 entre ses quatre fils, Amaury, Nicolas, Jean et Raoulet, et sa fille mariée à Thibaut de Fleury[3]. Amaury et Nicolas, conseillers de Jean le Bon, n'ont pas eu une carrière aussi honorable que lucrative; le second surtout, qui avait fondé une compagnie de change peu scrupuleuse sur ses moyens d'action, fut disgracié et destitué de ses fonctions lors de l'émeute de 1357 dirigée par Étienne Marcel; mais il fut assez habile pour mettre ses biens à couvert et sa personne en lieu sûr[4]; le régent Charles, qui avait un incessant besoin d'argent, le réhabilita et lui délivra des lettres de rémission à condition qu'il lui restituerait une somme considérable[5].

Jean Braque, qui nous intéresse plus particulièrement ici, semble s'être peu compromis dans les opérations financières de son frère. Maître d'hôtel du roi, il possédait à Courcelles-le-Roi des prisons annexées à son manoir[6], et vivait encore à la fin du XIVe siècle. L'affaire de Villemaréchal n'est pas le seul fait d'armes à mettre à son actif; on le trouve en 1364 présent au siège du fort des Moulineaux près Rouen; peu de temps après il devint écuyer tranchant du duc d'Anjou (1370), avant d'être élevé par Charles V à la dignité de maître et enquêteur de

---

1. Canton et arrondissement de Gien (Loiret).
2. Canton de Châtillon-sur-Loing (Loiret).
3. *Archives nationales*, J. 740, n° 9.
4. Cf. N. Valois, *La revanche des frères Braque* (Paris, 1883, in-8°).
5. L. Delisle, *Mandements de Charles V* (Paris, 1874, in-4°), n° 1156.
6. *Archives nationales*, JJ. 147, n° 258.

— 18 —

ses eaux et forêts du pays de Normandie (1376).

Les Braque portaient : d'azur à la gerbe d'or liée de gueules.

Les seigneurs *d'Égreville* sont moins connus, et celui que signalent les « Grandes Chroniques » a peu fait parler de lui. Nous avons retrouvé qu'il s'appelait Jacques d'Égreville et que sa femme Marie était fille de noble homme Pierre Payen[1], conseiller du roi et maître de la Chambre des Comptes[2]. Ses vastes propriétés dans le bailliage de Sens s'étendaient à Égreville[3], à Brannay[4], à Galatas[5], à Bransles[6], à Chevry[7], à Jarville[8], à Fouchères[9], et du chef de sa femme à Dixmont[10], à Préaux[11], à Granchettes[12], à Égriselles-le-Bocage[13]. Il fut nommé avant 1375 chambellan du duc d'Orléans, puis son souverain maître et enquêteur des eaux et forêts ; comme bailli de Cepoy[14], en 1396, il eut quelques difficultés avec

---

1. *Bibliothèque nationale*, pièces originales, vol. 1047, dossier 24122 ; et *Archives nationales*, JJ. 90, n° 143. — Il existe encore, entre Champigny-sur-Yonne et Villemanoche, un hameau (indiqué par Cassini), appelé La Chapelle-feu-Payen, qui incontestablement rappelle le souvenir de ce maître de la Chambre des Comptes. — Cf. G. Demay, *Inventaire des sceaux de la collection Clairambault*, n° 7027.
2. *Archives nationales*, JJ. 86, n° 281.
3. Canton de Lorrez-le-Bocage, arrond. de Fontainebleau (S.-et-M.).
4. Canton de Chéroy, arrondissement de Sens (Yonne).
5. Commune de Foucherolles, canton de Courtenay (Loiret).
6. Canton de Château-Landon, arrondissement de Fontainebleau.
7. Canton de Lorrez-le-Bocage, arrondissement de Fontainebleau.
8. Commune d'Aufferville, canton de Château-Landon.
9. Canton de Chéroy, arrondissement de Sens (Yonne).
10. Canton de Villeneuve-sur-Yonne, arrond. de Joigny (Yonne).
11. Canton de Lorrez-le-Bocage, arrondissement de Fontainebleau.
12. Commune de Saint-Denis, canton de Sens (Yonne).
13. Canton et arrondissement de Sens.
14. Canton et arrondissement de Montargis (Loiret).

— 19 —

les religieuses Dominicaines de Montargis à propos de droits de paturâge[1].

Les seigneurs d'Égreville portaient : palé d'argent et de gueules de six pièces[2].

Les *du Plessis* peuvent, au premier coup d'œil, paraître difficiles à déterminer, car beaucoup de familles absolument distinctes portaient alors le même nom. Divers documents inédits nous ont permis cependant d'établir la vraie filiation de cette famille du Sénonais à laquelle appartient Guillaume du Plessis, le quatrième défenseur des Tournelles. Originaires du Plessis-Saint-Jean[3], ces seigneurs habitaient tantôt le château des Bordes[4], près du Plessis, tantôt celui de Vertron[5], près Montacher; c'étaient gens de bien et de haute lignée. Parmi eux on peut se contenter de citer ici Jean du Plessis, chevalier, gendre de Robert de Dannemois[6], qui en 1332 obtient du roi les mêmes droits dans la forêt de Bière qu'avait son beau-père[7]; et un autre Jean du Plessis, marié à Isabeau, dame de Reveillon[8], près Charny[9]. Le premier était seigneur de Villenauxe-la-Petite[10], de Pont-sur-Yonne[11], de Bachy[12],

---

1. *Archives nationales*, X¹ᶜ 71 (8 juin 1396).
2. *Bibliothèque nationale*, nouv. acquisitions françaises 3638, n° 155. — Les armoiries existent encore dans l'église d'Égreville.
3. Canton de Sergines, arrondissement de Sens (Yonne).
4. Commune de Compigny, canton de Sergines.
5. Canton de Chéroy, arrondissement de Sens (Yonne).
6. Canton de Milly, arrondissement d'Étampes (Seine-et-Oise).
7. *Archives nationales*, JJ. 66, f° 481, v°.
8. Commune de Prunoy, canton de Charny (Yonne).
9. *Archives nationales*, JJ. 61, f° 109.
10. Canton de Bray-sur-Seine, arrondissement de Provins (S.-et-M.).
11. Chef-lieu de canton, arrondissement de Sens (Yonne).
12. Commune de Serbonnes.

de Serbonnes[1], de Pailly[2], de Michery[3], de Chassy[4]. de Compigny[5]; il était en relations fréquentes avec les abbayes de Saint-Pierre-le-Vif, de La Pommeraie et de Vauluisant; c'est dans cette dernière qu'il voulut avoir sa sépulture.

Son fils, Guillaume du Plessis, l'un des cinq de Villemaréchal, prit part avec Duguesclin aux guerres de Bretagne, fut bailli de Troyes[6], et avait épousé Marguerite de Villebéon. Il possédait à Sens, « rue du Vieil-Chastel », une maison que François Chanteprime lui acheta en 1370.

Les du Plessis portaient : d'or à six fasces d'argent[7].

La famille *des Barres*, qui a fourni à la France un maréchal, est trop connue pour qu'il soit nécessaire de la présenter ici. Un de ses membres vint s'établir dans le château de Chaumont-sur-Yonne[8], près Villeneuve-la-Guyard, où il fit souche, augmentant considérablement ses propriétés de la rive gauche de l'Yonne ; et ses descendants s'allièrent avec les principales familles féodales du Gâtinais, notamment avec les Bouville, comme on l'a vu plus haut[9]. Les tombeaux, disparus aujourd'hui, de la plupart des

---

1. Canton de Sergines, arrondissement de Sens (Yonne).
2. *Idem*.
3. Canton de Pont-sur-Yonne, arrondissement de Sens (Yonne).
4. Canton d'Aillant-sur-Tholon, arrondissement de Joigny (Yonne).
5. Canton de Sergines, arrondissement de Sens (Yonne).
6. Th. Boutiot, *Histoire de Troyes*, II, pp. 122 et 204.
7. *Bibliothèque nationale*, scellés de Clairambault, n° 7218.
8. Canton de Pont-sur-Yonne, arrondissement de Sens (Yonne).
9. Cf. le P. Anselme, VII, p. 79.

seigneurs de Chaumont se trouvaient jadis dans la chapelle du prieuré de Montbéon[1].

Jean des Barres, maréchal de France au début du XIVe siècle, portait dans tous les actes officiels les titres de seigneur de Chaumont et de Champigny[2]; il avait épousé Hélissende, fille de Guillaume de Prunoy[3]; en 1321 il affranchit les bourgeois de Fouchères[4] dont il était seigneur du fait de sa femme.

C'est un de ses fils, nommé Jean comme lui et surnommé le Borgne, qui participa à l'affaire des Tournelles. Sa caractéristique semble avoir été de vivre en assez mauvaise intelligence avec ses voisins et ses vassaux; à chaque instant on le voit en procès, à propos d'un droit de péage, d'une garenne, d'une somme d'argent. Ses prisons de Villeneuve-la-Guyard[5] étaient en de certains temps remplies à ce point[6] qu'un certain Colin Chevalier, son prisonnier, dut être transporté à Sens dans les prisons du roi empruntées pour la circonstance. Et Jean des Barres n'était pas chicanier seulement avec ses inférieurs; ses égaux avaient également maille à partir avec lui, témoin Étienne de Vauregnier[7], écuyer; après une

---

1. Commune de Saint-Aignan, canton de Pont-sur-Yonne.
2. Canton de Pont-sur-Yonne (Yonne).
3. *Archives nationales*, JJ. 64, f° 47.
4. *Archives nationales*, JJ. 81, f° 37.
5. Canton de Pont-sur-Yonne, arrondissement de Sens (Yonne).
6. *Archives nationales*, JJ. 141, f° 243, et JJ. 129, f° 33.
7. Vauregnier est un fief disparu, qui se trouvait dans le voisinage immédiat de la Louptière (Aube); cf. *Archives départementales de Seine-et-Marne*, A. 70, et *Bibliothèque nationale*, ms. français 26402, f° 240. — Étienne de Vauregnier avait épousé Marguerite du Plessis (Tarbé, *Recherches historiques*, p. 203).

guerre d'injures et de coups qui menaçait de s'éterniser entre eux, ils organisèrent un véritable tournois où leurs complices et amis combattirent avec rage. L'autorité royale en fut informée ; on poursuivit les combattants, les guerres privées étant depuis Louis IX interdites entre sujets du roi pendant la durée des guerres extérieures. Poursuivi par le bailli de Sens pour s'être battu au mépris des ordonnances, Jean des Barres fut mis à l'amende, puis grâcié en raison des services qu'il avait rendus ou pourrait rendre[1]. On était en 1352. Il avait épousé Jeanne de Mutry.

Les des Barres portaient : losangé d'or et de gueules[2].

*
* *

On conçoit que l'affaire de Villemaréchal, entreprise par des hommes aussi vaillants et aussi batailleurs que l'était notre Jean des Barres, pouvait être menée avec énergie et enthousiasme. Haguenier de Bouville, dont nous venons de parler, avait cette même année installé en son château-fort de Villeblevin, pour le défendre contre les Anglais, un capitaine nommé Étienne Berruyer ; pendant trois ans la forteresse eut à repousser les assauts de l'ennemi avec succès ; et le capitaine, qui avait profité de sa situation pour se venger d'un habitant de Villeblevin, eut à répondre de sa conduite et obtint ses lettres

---

1. *Archives nationales*, JJ. 81, f° 322. — Pièce justificative n° 1.
2. *Bibliothèque nationale*, pièces originales, vol. 203, n° 4491

de grâce en raison des services qu'il avait rendus pendant la guerre[1].

On peut dire que les Anglais étaient absolument maîtres alors du Gâtinais français. L'affaire de Villemaréchal se rattache à tous ces événements, et ne se rapporte en aucune façon, comme on a voulu le faire croire, à la Brie, aux environs de Provins[2]. L'histoire du siège des Tournelles est un épisode essentiellement lié à l'histoire locale, où l'on vit une poignée d'hommes armés à la hâte essayer, sous la direction improvisée de chefs dévoués à la cause française, d'arrêter le prince Noir dans sa marche victorieuse sur Paris.

Ce ne fut ni une insurrection populaire comme il s'en produisit en Normandie[3], pendant la guerre de Cent Ans, ni un combat régulier livré par une armée aguerrie; ce fut une tentative infructueuse mais énergique qui, à défaut de trace dans l'histoire générale, doit laisser l'impression d'un hardi coup de main.

---

1. Pièce justificative n° IV.
2. F. Bourquelot, *Histoire de Provins*, II, p. 29.
3. *Bulletin du comité des travaux historiques*, histoire et philologie, 1888, p. 110.

PIÈCES JUSTIFICATIVES

I

Lettres de rémission accordées par le roi Jean à Étienne de Vauregnier et à Jean des Barres, qui s'étaient combattus, eux et leurs complices, au mépris des ordonnances, les guerres privées étant défendues entre tous les sujets du Roi pendant la durée des guerres extérieures.

(1352)

Johannes, Dei gratia Francorum Rex, universis presentes litteras inspecturis salutem. Ad nostrum insinuante Stephano de Valle Renerii, scutifero, pervenit auditum quod, quia Johannes de Barris, armiger, cum pluribus suis complicibus ex proposito paratis insidiis, nulla causa rationabili seu diffidentia precedente, cum armis in ipsum Stephanum irruerat ac verbis et verberibus nequiter fuerat injuriatus, eidem ipse Stephanus et amicorum suorum nonnulli prefatum injuriantem cum quibusdam suis complicibus diffidarunt et per certa loca comitatus Campanie et Brie, in quo sunt partes ambe, que sunt nobiles, et licet nobilibus per consuetudinem vel usum comitatus ipsius ab antiquis temporibus inter se guerram gerere, postmodum cum armis equitarunt, nullo tamen forefacto in corpore sive bonis exinde secuto, ut asserit Stephanus antedictus; verum quoniam nostris guerris durantibus guerra seu gestus armorum inter nostros subjectos est prohibitus, baillivus noster Senonensis vel ejus locum tenens a nobis super hoc recepto mandato dictum Stephanum ad jura nostra fecit evocari, pluribus in domibus quorumdem amicorum suorum comestoribus constitutis, ipsosque Stephanum et suos amicos nititur compellere ad dandum prefato Johanni de Barris et suis complicibus statum securum, ac nobis pro predictis tradere ad emendam; super quibus predictus Stephanus pro se et suis amicis qui fideliter et diu nobis in guerris nostris servierunt et sunt servire parati, nostre clementie gratiam suppliciter imploravit. Nos itaque ipsius supplicationi misericorditer inclinantes, notum facimus quod omnem penam vel offensam criminalem aut civilem quam dictus Stephanus et sui in hac parte complices pro premissis incurrere potuerunt, auctoritate regia de nostra certa scientia et gratia speciali remisimus tenore, presentium in casu predicto remittimus et quittamus; dicto baillivo Senonensi vel ejus locum tenenti mandantes, si neccesse fuerit, committendo quatinus amotis a dictis domibus comestoribus antedictis, si sit ita, desistendoque a prosequtione contra dictum Stephanum et suos complices incepta per eum pro premissis, casu predicto, partes predictas ad prestandum sibi passim statum securum compellat, dictumque Stephanum et suos amicos nostra presenti gratia uti et gaudere pacifice faciat et permittat. In cujus rei testimonium sigillum nostrum presentibus litteris duximus apponendum. Datum Parisius, xviii^a die decembris anno Domini millesimo ccc° quinquagesimo secundo.

(*Archives nationales*, JJ. 81, f° 322.)

II

Lettres de rémission pour les habitants de la ville de Ferrières-en-Gâtinais qui ont traité avec les Anglais installés à Paley et à Chantecoq.

(1358)

Charles, ainsné fils du roy de France, régent. Savoir faisons à touz présens et à venir, que oye la supplication des bourgoys et habitanz de la ville et banlieue de Ferrières en Gastinoys, contenant que comme eulx aient esté pilliéz, robéz et gastéz et en partye ars leurs maisons et plusieurs de leurs biens par les ennemis du Royaume, qui sont à présent par le païs environ ladicte ville et par espécial à Paleys et à Chantecot, à trois lieues préz de ladicte ville de Ferrières ou environ, et qui courent et gastent de jour en jour ledit païs telement que nulz n'y ose bonnement demourer ne habiter, mais ledit pais demeure comme désert et sanz aucun labourage, et soit ainsi que par neccessité et pour obvier et eschiver plus grant péril, et que le demourant de leurs maisons ne fussent arses et leurs biens gastéz et pilléz et eulx mesmes pris, maltraittiéz et mis à mort par lesdiz ennemis dont il estoient et avoient esté souventefoiz menaciéz, eulx se soient raençonnéz ausdis ennemis certaine somme d'argent, combien que en vérité il aient touz jours esté, soient et sont bons et loyaulx subgetz à nostre dit seigneur, à nous et à la couronne de France, et aient faite ladicte raençon pour doubte desdiz ennemis, et les causes dessus dictes; toutevoies il se doubtent que pour cause et occasion de ce il en peussent estre approchiéz et submis par aucuns de justiciers officiers de Monseigneur et de nous ou temps à venir, et que l'en leur peust ou voulsist imposer eulx estre encourus en aucune offense, peine ou amende envers nostre dit seigneur et envers nous, requérans et supplians sur ce leur voussissiens pourveoir de gracieux remède. Pour quoy nous, eue considération aus choses dessusdites et adecertes voulanz user envers lesdiz supplians de grâce et miséricorde, à yceulx et à chascun d'eulx ou cas dessusdit avons quitté, remis et pardonné et par ces présentes quittons, remettons et pardonnons de grâce espécial, certaine science et de l'auctorité royal dont nous usons, toute offense, peine et amende criminelle, corporelle et civile, se en aucune eulx ou aucun d'eulx sont ou puent estre encouruz envers nostre dit seigneur et envers nous, en quelque manière que ce soit pour la cause dessus dicte, pourveu toutefoiz que il ne se raençonneront plus; donnons en mandement à touz nos lieuxtenans, capitaines, chastellains, bailliz, prévoz, gardes de forteresces, genz d'armes nobles et non nobles, et à touz autres justiciers et officiers de Monseigneur et de nous qui à présent sont et pour le temps à venir seront, que lesdiz supplians et chacun d'eulx facent et laissent joir et user paisiblement et perpétuelment de nostre présente grâce, ne contre la teneur d'icelle ne les contraignent ou molestent ne ne seuffrent estre contrains ou molestéz en corps ne en biens en aucune manière; mais se aucuns de leurs biens ou leurs corps estoient pris, saisiz, arrestéz ou détenuz, qui les mettent ou facent mettre à plaine délivrance tantost et sanz délay et sans autre mandement attendre. Et pour que ce soit ferme et estable à perpétuité, nous avons fait mettre nostre scel à ces présentes lettres, sauf en autres choses le droit de nostre dit seigneur et le nostre et l'autrui en toutes. Ce fut fait et donné à Louvre les Paris, l'an de grâce mil CCCLVIII.

(Archives nationales, JJ. 90, f° 38).

III

Lettres de rémission pour les habitants de la ville de Chéroy-en-Gâtinais qui ont traité avec les ennemis pour éviter l'incendie de leurs maisons.

(1359)

Karolus, Regis Francie primogenitus, regens, etc. Notum facimus universis tam presentibus quam futuris, quod cum villa de Cheseio in Vastino, diocesis Senonensis, que murata non existit nec aliquo fortalitio circonvincta, et habitatores ejus per nostros et regni hostes fuissent pene omnibus suis mobilibus spoliati, ipsorumque habitatorum alii plurimi inhumaniter interfecti et alii detenti captivi, alii etiam letaliter vulnerati et ad redemptiones nunportabiles positi, aliique et specialiter ditiores dictorum hostium qui plura fortalicia in dicte ville vicinio situata detinent occupata, impetum metuentes se a villa ipsa quodammodo exules reddidissent, non audentes repatriare ad illam; prefatique honestes ad villam ipsam iterum revertentes domos et hospitia quamplura ville ipsius ignis voragini tradere non cessaret, et tandem pro parte dictorum habitatorum affectantium ad propria remeare, et ne residuum domorum que inibi remanserat incombuste dicto voragini traderetur occurrere sicut possent, et hujusmodi peractas in promptu combustiones possent redimere et se ipsos se et domos predictas, apud dictos hostes reancionnassent sub certis pactis et conventionibus habitis cum eisdem, quibus mediantibus ipsi habitatores suas reanciones hujusmodi eisdem hostibus certis statutis terminis solvere tenerentur, et sic possent secure ad propria reverti, fuissetque ex parte domini genitoris nostri et nostra in pluribus et diversis partibus Regni prefati et maxime circa partes ville prefate sub preconis *(sic)* publice prohibitum et solemniter proclamatum, ne quicunque dicti domini genitoris et nostri subditi se vel villas seu loca sua dictis hostibus reancionare, vel eis victualia aliqua seu quevis alia neccessaria ministrare, quomodolibet ausi essent, alioquin predicti dicti genitoris ac regni malivolis et preditoribus haberentur; et prohibitione hujusmodi non obstante, non tamen contentibiliter sed ne dictorum hostium saltem ad tempus possent voluntatem rabidam temperare, eisdem hostibus hujusmodi premissas reanciones vel partem illarum duxerint exsolvandas, quamobrem habitatores ipsi non immerito formidantes ne ex parte nostra vel officiorum regiorum imposterum in corporibus vel in bonis propter hoc habeant, molestari et puniri, nobis humiliter supplicarunt quatinus cum ipsi semper fuerint et sint boni, veri, et fideles obedientes et benivoli dicti domini genitoris et nostri ac Regni, nos super hoc cum illis misericorditer agere dignaremur, nos igitur premissis considerationibus factum predictum omnemque penam corporalem criminalem et civilem quas ipsi ob hoc potuerunt quomodolibet incurrisse, eisdem in casu predicto remittimus et quittamus ac penitus indulgemus, eosdem ad famam et patriam atque bona restituentes ad plenum de auctoritate et plenitudine Regie potestatis qua fungimur de presenti, et gratia speciali nichilominus eisdem tenore presentium licenciam concedentes quod illud quod restat ad solvendum de premissis per eos reancionibus supradictis, hac vice tantummodo dictis hostibus solvere et de eisdem satifacere valeant licite et impugne, et dantes presentibus in mandatum capitaneo generali patrie Vastinensis, baillivo Senonensi ceterisque capitaneis et baillivis ac justiciariis regiis presentibus et futuris et eorum omnibus aut eorum locatenentibus quatinus prefatos habitatores nostra presenti remissione et gratia uti et gaudere pacifice facientes, non permittant eos in contrarium quomodolibet molestari, sed quicquid ex bonis suis propter hoc captum, arrestatum vel saisitum est, id eisdem tradi, restitui atque deliberari faciante indilate. Quod ut firmum et stabile permaneat in futurum, litteras presentes nostro sigillo fecimus communiri, jure dicti domini nostri et nostro in aliis et in omnibus alieno. Actum et datum apud Lupparam juxta Parisius, anno Domini M° CCCLVIII°, mense januario.

(*Archives nationales*, JJ. 90, f° 32.)

IV

Lettres de grâce accordées à Étienne Berruyer, garde du fort de Villeblevin pour le seigneur de Bouville, accusé d'avoir profité de sa situation pour exercer des vengeances personnelles contre un habitant de Villeblevin.

(1364)

Karolus, etc... Notum facimus universis, tam presentibus quam futuris, nos infrascriptas litteras vidisse formam que sequitur continentes :

A tous ceus qui ces présentes lettres verront et orront, Estienne Esteauve, garde de la justice de noble et puissant homme monseigneur Charle, seigneur de Boville, de Dient et de Villeblouain, chevalier, salut. Comme le procureur de mondit seigneur ait maintenu et proposé ou nom et pour ledit monseigneur ou comme seigneur et hault justicier de Villeblouain contre Estienne Berruier, dudit lieu, que en l'an mil CCCLX, ledit Berruier estant capitain du fort dudit Villeblouain, institué et establi de par ledit seigneur ou de ceulx dont il avoit cause à la garde dudit fort, à requeste des habitans de ladicte ville, et lui estant en ladicte garde, par grant haine ancienne que ledit Berruier avoit en la personne de feu Estienne Chartier, dit Cirot, ledit Berruier estant oudit fort fery ledit Cirot d'un glaive parmi l'ueil jusques à grant effusion de sanc; pour lequel cop ledit Cirot avoit eu l'œil crevé et avec ce cheu ès fosséz dudit fort, pour laquelle bleceure et cheure faicte par ledit

Berruier audit Cirot de fait appensé, d'où mort s'en estoit
ensuyé dedens trois jours après ledit cop oudit Cirot, tendens
à fin que, se ledit Berruier confessoit ces choses estre vraies,
que par nous ledit Berruier fust condampné et puny criminel-
ment de telle peine comme au cas appartenant, et se il le
nyoit, ledit procureur ou non que dessus l'offrit de prouver, et après
ce ledit Berruier receu à ses défenses et par conseil allégua à
sa salvation plusieurs faiz et raisons tendens que par nous
feust absolz de la demande dudit procureur, et que la main
qui estoit mise en luy et en ses biens fust ostée à son proufit
la première, car il disoit que à requeste des habitanz de Villeblouain il avoit esté instituéz et establis garde dudit fort de
par feu monseigneur Haguenier de Boville, chevalier, seigneur
dudit Villeblouain, duquel ledit monseigneur Charles avoit
cause comme frère et hoir d'icelluy, et comme bien vueillant
desdiz habitans, la seconde que audit Cirot pour le temps de
lors ne onques n'avoit eu maltalent ne injure, maiz estoit son
bien vueillant, la tierce que à un effroy qui fu pour gens d'armes qui venoient droit à la barrière dudit fort, à un soir sur la
nuytier, pour lequel effroy les gens de la ville comme effréé
venoient audit fort, mesmement que les Anglois et ennemis du
royaume de France estoient environ ladicte ville en pluseurs
lieux, à Villeneuve la Guiart et autre part, et pour ce que par
grant presse des diz habitans la basse court d'entre le pont et
la barrière fu toute plaine de gens qui se retraioient audit fort,
et quant ledit Berruier vit le péril, sur espérance que ce fussent
ennemis, il pour la deffense de la barrière dudit fort estoit
yssu dudit fort pour aler à la barrière pour deffendre ladite
barrière, qu'il n'y entrast que lesdiz habitans, et pour la presse
des gens qui estoient entre le fort et la barrière pour faire voie
pour aler à ladicte barrière, avoit hurté l'un et bouté l'autre d'un
petit glaive qu'il tenoit en sa main, tant qu'il estoit venuz à
ladicte barrière, et s'il avoit féru ou bouté ledit Cirot, ce
n'estoit mie pour haine qu'il eust à luy ne de fait appensé,
laquelle chose il ne savoit mie que féru ne bouté l'eust, et tant
qu'il vint à ladicte barrière et la garda par telle manière qu'il
n'y ot point de péril ; avec ce disoit que ledit Cirot estoit ung

homme impotent de nativité et ne povoit aler se ce n'estoit à
à ung baston, et, s'il estoit cheu ès fossés dudit fort, ce n'estoit
mie par son fait ne par sa coulpe, et supposé sanz préjudice que
par ignorance ne l'eust bouté ou féru pour faire voie pour aler
dudit fort à la barrière, si luy loisoit-il à cause de son office de
hurter l'un et bouter l'autre tant qu'il venist à ladicte barrière,
laquelle chose il ne croit mie qu'il eust en riens féru ou hurté
ledit feu Cirot, ne que pour chose qui luy feist onques, mort
s'en feust ensuyé oudit feu Cirot ; et disant encore oultre que
il avoit gardé ledit fort bien et loyalement par l'espace de trois
ans, par telle manière, combien que par pluseurs foiz il fussent
assaillis par lesdiz ennemis, que lesdiz ennemis ne leur avoient
en riens meffait ; et sur ces choses et plusieurs autres qu'il
alléguoit à sa deffense et qu'il offroit de prouver, se nyées lui
estoient de par ledit procureur, disant qu'il cheoit en cas
d'absolution et non mie en cas de condempnation comme non
coulpable de la mort dudit feu Cirot ; sur lesquelles raisons
proposées d'une partie et d'autre nous commandasmes aux
dictes parties de bailler par escript ; lesquelles baillèrent par
escript au jour que assigné leur fu l'une partie contre l'autre,
aux fins à quoy il tendoient, et pour ce que en leurs fais avoit
plusieurs raisons de fais contraires les uns aux autres, nous
ordonnasmes certains commissaires pour enquérir la vérité sur
les faiz et articles desdictes parties de leur consentement, les-
quielz commissaires appellez, ceuls qui faisoient à appeler, si
comme il nous est apparu par le procès, enquisdrent bien et
diligemment la vérité sur les diz faiz par plusieurs tesmoings
dont la déposition avec les faiz fu mis ou sac et non contrediz ;
et icelle enqueste faicte et parfaicte nous ait esté baillée par
lesdiz commissaires et receue pour juger en la présence des-
dites parties, tout conclut en cause, lesdictes parties appoin-
tées à droit, requérant sur ce droit fust fait pour l'un
ou pour l'autre selon les raisons et dépositions desdiz tesmoings, et pour plus seurement procéder en ladite cause,
nous d'abondant avons fait appeler et convenir par devant
nous à huy Loron, seur dudit feu Cirot, Bellon, fille de ladicte
Loron et niepce du dit feu Cirot, Jehanne, femme dudit feu

Cirot, Martin Coppe, germain dudit feu Cirot, Estienne Le Vergier, Guillaume Le Vergier, cousins dudit Cirot, les plus prouchains héritiers et amis dudit feu Cirot, pour savoir se ilz vouldroient en riens acuser ledit Berruier par voie d'acusation ou dénonciation pour la mort dudit feu Cirot, et se ilz vouldroient dire cause pourquoy ladite enqueste ne se deust jugier; liquel nous respondirent en jugement que non et qu'ils ne cuidoient mie que ledit Berruier feust en riens coulpable de la mort dudit feu Cirot. Saichent tuit que, ce veu et considéré avec les raisons d'une partie et d'autre de la déposition des tesmoins veuz et leuz en jugement diligemment, et les dictes parties requérant à oyr le droit sur ycelles en conseil à plusieurs sages qui estoient au siège, avons prononcé et par droit par nostre sentence en jugement que ledit procureur ou non que dessus n'avoit riens prouvé de son fait, et que ledit Berruier avoit bien prouvé le fait par lui proposé à ses deffenses; et avons délivré et absolz ledit Berruier, en tant comme il touche ledit seigneur à cause de son office, de la demande dudit procureur et la main de mondit seigneur qui mis avoit esté en la personne dudit Berruier et en ses biens, et qui pour ceste cause estoit prisonnier en la court de mondit seigneur à Villeblouain; avons levée et ostée au prouffit dudit Berruier, en imposant audit procureur silence perpétuelle pour ce fait contre ledit Berruier. Ce fu fait à Villeblouain, le samedi jour de feste invention saint Estienne, tiers jours du mois d'aoust l'an de grâce nostre Sire M.CCC.LXIIII. — Quasquidem iltteras et omnia et singula in eis contenta ratas et gratas habentes eas et ea volumus, laudamus, aprobamus et tenore presentium, in quantum rite et juste in rem transierunt, judicatam confirmamus de gratia speciali, et stabile perseveret in futurum. Datum Parisius, mense maii, anno Domini millesimo ccc^{mo} octogesimo tercio, et regni nostri tercio.

(*Archives nationales*, JJ. 12?, f° 155 v°.)

DU MÊME AUTEUR

Les archives de Maisse (Seine-et-Oise); — broch. in-8º, Paris, 1884 (extr. des *Annales de la Soc. du Gâtinais*).

Les archives municipales de Saint-Germain-en-Laye (Seine-et-Oise); — broch. in-8º, Versailles, 1886 (extr. de l'*Annuaire de Seine-et-Oise*).

La presse locale a Montargis au XVIIIe siècle; — broch. in-8º, Orléans, 1887 (extr. des *Annales de la Soc. du Gâtinais*).

La capitale du duché de Bourgogne aux IXe et Xe siècles; — broch. in-8º, Bruxelles, 1889 (extr. de la *Revue des Questions historiques*).

Lettres missives des XVe et XVIe siècles conservées aux archives municipales de la ville de Troyes; — broch. in-8º, Paris, 1889 (extr. de l'*Annuaire-Bulletin de la Soc. de l'histoire de France*).

Recherches sur les débuts de l'imprimerie a Provins; — broch. in-8º, Paris, 1889 (extr. de la *Bibliothèque de l'École des Chartes*).

Pierres tombales du musée municipal de Saint-Germain-en-Laye; — broch. in-8º, Versailles, 1889 (extr. du *Bulletin de la Commission des antiquités et des arts de Seine-et-Oise*).

Recherches sur la topographie gatinaise. I (Une localité disparue; l'étymologie véritable de Montereau-fault-Yonne); — broch. in-8º, Paris, 1890 (extr. des *Annales de la Soc. du Gâtinais*).

Recherches sur la topographie gatinaise. II (La dédicace de l'église de Chailly-en-Bière en 808; le prieuré de Bréon); — broch. in-8º, Paris, 1892 (extr. des *Annales de la Soc. du Gâtinais*).

La cathédrale de Meaux et l'architecte Nicolas de Chaumes; — broch. in-8º, Arcis-sur-Aube, 1890 (extr. de la *Revue de Champagne et de Brie*).

Jean Goujon et la maison de Diane de Poitiers a Étampes; — broch. in-8º, Paris, 1890 (extr. des *Annales de la Soc. du Gâtinais*).

Grands seigneurs et petits fiefs du Gatinais. I. Henri de Courances, maréchal de France (1255-1268); — broch. in-8º, Paris, 1892 (extr. des *Annales de la Soc. du Gâtinais*).

www.ingramcontent.com/pod-product-compliance
Lightning Source LLC
Chambersburg PA
CBHW060512050426
42451CB00009B/937